RESTAURANDO MI VIDA

Juan Carlos Patiño

RESTAURANDO MI VIDA

Desarrollo personal y sanidad interior

EDITORIAL
LETRA MINÚSCULA

Primera edición: abril de 2022
ISBN: 978-84-19237-43-9

Editado por Editorial Letra Minúscula
www.letraminuscula.com
contacto@letraminuscula.com

Este libro va dedicado a toda la gente que desea dar un cambio a su vida, ya que el perdonar al prójimo no es un deseo o un sentimiento. El perdonar es una decisión cuando uno esté listo para hacerlo y liberar esa carga que nos hace daño y nos limita de una bendición abundante.

El perdón es el camino más rápido para aumentar tu creatividad, la paz interior, el amor propio hacia uno mismo. Tener una mejor salud, aumentar la felicidad, mejorar la frecuencia cardiaca.

Índice

UN RELATO DE MI VIDA

Soy el sexto hijo de mi madre y el primer varón de mi padre, a cuál lo llegué a conocer en mi adolescencia. Desde mi niñez he tenido una vida dura. Cuando se nace en un hogar disfuncional, donde para vivir cada día tienes que luchar y tienes que ver a tu madre consumida por el alcohol, y en tus primeros días y meses de vida les tocó a tus abuelos criarte, ya que a tu madre la tuvieron que encerrar en un centro de rehabilitación para que dejara su adicción, la gente piensa el hijo de una madre que consumía alcohol con el tiempo va ser igual, como dice el dicho: «De tal palo, tal astilla», pero, gracias a Dios, mi madre dejó su adicción y pudo regenerar su vida.

Actualmente, al escribir este texto tengo treinta y dos años de vida y mi madre no consume alcohol ya hace treinta años. Gracias a Dios, puedo decir que la bebida y las drogas no dominan mi vida ni mi temperamento y pude cortar una cadena genética de alcoholismo, ya que mi abuelo también era alcohólico. Todo está en la decisión de uno; he estado rodeado de amigos que se drogan, pero cada día le pido a Dios que me ayude a no caer en ningún vicio.

Mi madre trabajaba en un camal donde mataban animales. Ella luchaba día a día para llevar el pan al hogar y poder alimentar a sus siete hijos que somos: cuatro hombres y tres mujeres. Cuando tenía cuatro años de edad junto a mis hermanos sabíamos madrugar para ayudarlos a matar a los animales, hasta horas de ir a la escuela, regresábamos a las seis y media de la mañana para alistarnos e ir corriendo. Había días que desayunábamos y otros días que no, ya que mis abuelitos ya eran personas mayores; mi abuelo sufría de ceguera y a nosotros nos tocaba cuidarlos a ellos. Cuando íbamos a la escuela, solíamos en el recreo salir jugar para no sentir hambre, porque nosotros no llevábamos dinero para el fiambre. A veces, algunos amigos nos sabían convidar algo. Yo era un niño con mi autoestima bien baja, porque los profesores y demás gente nos discriminaban por no tener papá o por ser pobres. Al llegar de la escuela, mi hermana mayor cocinaba y juntos comíamos; de paso, sabíamos llevarle el almuerzo a mi madre, porque ella trabajaba hasta las cuatro de la tarde. Era un trabajo bien fuerte, demasiado duro y la dueña era una señora sin corazón; siempre nos acusaba de ladrones.

A la edad de ocho años, ya salía a trabajar igual con mis dos hermanos: el uno mayor a mí y el otro menor. Todas las tardes después de llegar de clases teníamos que coger unos pomos o recipientes para ir a buscar o pedir agua a los vecinos, porque en nuestro hogar no había agua ni para beber; la ropa la lavábamos en el río cada semana y cada sucre que nos ganábamos era para nuestro recreo. Una familia para la que empezamos a trabajar era muy buena; ellos tenían unas tiendas de ropa, nosotros sabíamos ayudarlos a guardar los toldos y ensacar la ropa para los miércoles y domingos de feria; a las cuatro de la mañana empezábamos a armar los toldos.

Yo empecé a criarme con uno de ellos; él quería adoptarme porque no podían tener hijos. Trabajé con ellos hasta los catorce años y luego entré en una carnicería; trabajé ahí en mi adolescencia. Ni yo ni ninguno de mis hermanos fuimos al colegio. Al cumplir ya dieciocho años, entré a estudiar en el colegio con mis dos hermanos mayores; este era un colegio nocturno. Era una gran rutina, duro levantarse a las cinco y media de la mañana y llegar a tu hogar a las once y media de la noche, a comer y dormir. (Había veces que los buses no nos traían de regreso, ya que el colegio quedaba en la ciudad y nosotros vivíamos en el campo). Luego dejé la carnicera, no conseguía trabajo y se me complicaba cada vez más la vida. Mi madre se operó y teníamos que cuidarla, sacar para su dieta; solo me sentaba a llorar desconsolado. Hubo ocasiones que intenté suicidarme con una soga, pero siempre había una voz que me decía: «No lo hagas, tu alma se condenará al infierno; yo tengo planes de bien para ti, todo esto que estás pasando es un proceso de la vida para hacerte más fuerte». Me senté en mi cuarto y lo único que hice fue llorar. Pero todo esto no me detuvo para acabar de estudiar y al final de mis veinticuatro años ¡me gradué! Soñaba con estudiar Arquitectura o Música, pero no es como uno se lo imagina o como uno se ilusiona. En mi país entrar a cursar un estudio de alto nivel es difícil, entonces, me tocó seguir trabajando.

Le busqué a mi padre y le pedí su ayuda, a pesar de que le llevaba un rencor grande cada vez que lo veía. Sabía pasar por su lado, pero nunca lo saludaba, sin embargo la vida nos enseña cosas grandes sobre el amor al prójimo. A la edad de mis veintiséis años, me dio su apellido y empecé trabajar con él en un bus que tenía. Ahí pasé trabajando seis años y pude conocer su carácter, su forma de pensar y su forma de vivir la vida. Entré a estudiar los fines de semana en un instituto; estudié un año y medio sobre coach de programación neurolingüística. Mi objetivo era llegar a ser un nivel diamante en una empresa multinivel. Al ingresar ahí, no todo era color de rosa, como te decían los que estaban en un nivel más alto; cada día salíamos cargado producto para vender o reclutar gente, pero no fue fácil, ya que solo ingresamos a una persona; al menos era algo. Lo dejé ahí. Lo bueno al estar dentro de esa empresa llamada Omnlife fue que aprendí a soñar en grande, descubrí que mi vida tenía otro propósito, que ya no había solo un plan A, ni un plan B, sino varios planes.

Mi motivación por la lectura fue creciendo cada vez más, comencé a desarrollarme más como persona, como un mejor ser humano. Y un sueño que nunca se fue de mi vida es el de ser un escritor, narrar mi vida, mis experiencias y mis conocimientos. Algunos se burlaron cuando les contaba sobre mis sueños, pero hoy por hoy estoy escribiendo algunos libros, canciones y frases que llegan y llegarán a millones de vidas, ya que no todos nacemos en una cuna de oro y el poder expresarnos nos hará libres. Tal vez algún niño o joven esté atravesando lo mismo que yo y mediante mis palabras los puedo ayudar a ver la vida de otra manera, a luchar, a que sepan que no están solos y seguir sus sueños. «No es que uno no emprende por falta de recursos, sino por falta de dedicación y de decisión». Cuando empecé a escribir este libro, pedí una computadora para poder hacerlo, porque todas las ideas las tenía escritas en un cuaderno, y heme aquí, querido lector, ya seas un amigo, un familiar, un aficionado a la lectura, un soñador o alguien que se encontró con este libro. Les cuento mi historia para motivarlos a despertar el potencial que llevan dentro, sin importar de qué clase social sean o cuáles sean sus recursos. Un día puedes estar trabajando bajo una gran rutina y al otro puedes ser un gran escritor. Solo toma la iniciativa, toma la decisión.

Entonces, tú:

¿qué legado quieres dejar a tus generaciones?

La escritura, la lectura y la sabiduría son lo único que nos sacará de la pobreza.

Juan Carlos Patiño

Cada mañana es una nueva
oportunidad para volver
a empezar.

Juan Carlos Patiño

NUESTRA MENTE ES UN CAMPO DE BATALLA

LAS MÁS GRANDES BATALLAS GANAMOS EN NUESTRA MENTE.

Hay batallas que ganamos y batallas que perdemos, y cada batalla nos deja lecciones y grandes cicatrices. Cuanto más viejo seas, más cicatrices tendrás marcadas por la vida; cada arruga que tienes en tu rostro es símbolo de las batallas que enfrentamos a diario.

En nuestra mente tenemos luchas constantes. Cuando te atacan esos pensamientos negativos de «tú no puedes», «tú no eres capaz», lo que tenemos que hacer es pensar **claramente** y cuestionarnos; si nací y estoy leyendo esto o estoy truncado, ¿es por algo? Pues, ¡sí! Todo tiene un propósito en la vida. Si naciste en un lugar pobre, pues tienes que sobresalir para contar tu historia, porque hay gente que te ve raro, porque piensa que tu no prosperarás o alcanzarás ese éxito, pero desde nuestras familias nos enseñan a ver las cosas negativas como positivas, porque no hay nada que nos limite a soñar; en donde los demás ven cosas negativas, tú ve todo eso como una oportunidad.

En mi caso, teníamos un tío que quería que nosotros fuéramos albañiles porque mi abuelo y mi hermano mayor lo fueron, también nos decía que la familia de él era mejor que cada uno de mis hermanos. Yo aprendí albañilería, y bastante, sin embargo eso no me limitaba a seguir soñando, a buscar mis sueños. Pero lo admito, como todas las personas, muchas veces me sentía inútil, una persona que no era capaz de alcanzar lo que se proponía y de hacer sus sueños realidad.

«El diablo es un embustero y Jesús lo llamo padre de la mentira».
(Juan 8:44)

Nuestro enemigo más grande es el diablo, porque él nunca quiere que nosotros alcancemos el éxito; lo que él desea es que no tengamos una vida de abundancia, quiere vernos destruidos, ver nuestras vidas acabadas. A mi madre le decían que, todo el tiempo, ella tenía que vivir con pastillas para la depresión o los nervios; de repente empezaban a temblarles las piernas y las manos; ella decía que eran los nervios que su cuerpo emitía y no podía controlar. Cada mañana mi madre se levantaba a orar a Dios; unos minutos más tarde, le daba angustia. Fue una lucha dura. Nosotros, como hijos, le decíamos que no tenía que dejarse vencer, que tenía que declarar palabras de vida, palabras de abundancia y de bendición. Ella entendió y comprendió que la palabra *declarar* es fuerte y, cuando uno declara en el nombre de Dios, estas oraciones tienen poder, porque para Dios nada es imposible y, si todo viene de corazón, él nunca se olvida de nosotros; tal vez pueda tardar, pero ¡no!, los planes de Dios son perfectos.

Volviendo a mi madre, para ella fue un proceso duro. Cuando se operó nuevamente, la atacaban los pensamientos negativos: que ella ya no servía, que ella era una persona incapaz. Y, entonces, mi madre entraba en llanto. Durante su proceso de recuperación, ella tenía una mente desértica, cansada, y le enseñaban a trabajar todos los días. Así su cabeza se distraía, sin embargo, al verse que no podía laborar le venían esos pensamientos negativos; pero ella con la lucha de su vida pudo vencer a su mente negativa y pudo cambiar los patrones de su mente a cambios de vida de abundancia, de prosperidad. Ella ganó y pudo entender que Dios es nuestro mediador. Sin él no somos nada y solo él nos ayuda a ganar las batallas más grandes que nosotros creemos insuperables.

Si tal vez estás pasando estos momentos, ten mucho cuidado de lo que hablas o cómo piensas; a veces, en situaciones vulnerables, nuestra mente, nuestra alma ya no aguanta y explota, y lo primero que se le viene a la mente lo dice; pero cuidado, que el arma más poderosa para herir son las palabras; para eso tienes a tu familia, a cada una de las personas que te rodean, y muchos de ellos sienten o pueden ver, a través de nuestra mirada, todo el dolor que nosotros sentimos. Nunca te quedes solo, refúgiate bajo la palabra del todopoderoso Dios y tu familia; atrévete a vencer los desafíos de la vida. Si tal vez piensas que tus sueños murieron, créeme que no es así; quita todos esos paradigmas negativos con los que te criaste, sácate las creencias de tus antepasados y empieza a proclamar palabras de abundancia y éxito. Y, si tú eres uno de los que sienten ese dolor en los demás, es momento de actuar y no dejar solo a ese familiar que tal vez necesita hablar con alguien y quiere ganar sus batallas. El cerebro ama lo que es familiar, ama lo que viene en conjunto.

Empieza a hacer cosas desconocidas, cosas nuevas, porque de lo viejo se aprende, pero no se vive. Empieza a elogiarte a ti mismo, haz de la crítica algo constructivo, no te quejes de tu trabajo, de tus labores, no digas: «¡Este trabajo me está matando!», «¡Mi mujer es un infierno!», «¡Mi hogar está al borde de la muerte!». Cambia esas afirmaciones conocidas por desconocidas, empieza a afirmar cosas positivas como «¡Mi hogar es hermoso!», «¡Mi mujer es bella, ella es comprensible!», «¡Ella me apoya!», «¡Mi trabajo es hermoso y cada día me lo paso de lo mejor!». Porque quien conoce el poder de la palabra, conoce el poder de la mente.

> «Meditaré en tus preceptos y consideraré tus caminos, los caminos de vida y delineados por tu ley».
> (Salmos 119:15)

En este salmo, Dios nos enseña que debemos andar por los caminos de vida; o sea, en nuestra mente, cada mañana, declararnos como personas gratas, personas de bendición que van por los caminos de Dios, siempre en victoria. No tengamos más esa mente desértica en nuestras vidas, esto lo aprendí de un libro y me ayudó mucho.

Los israelitas no tenían una visión positiva de sus vidas, no tenían sueños, sabían de dónde venían, pero no sabían a dónde iban, todo estaba basado en lo que habían visto y lo que podían ver, no podían ver con el ojo de la fe. En la mentalidad de ellos estaba que siempre eran esclavos y querían vivir de tal modo como dicen las escrituras, pero el camino a la tierra prometida era solo de once días y les tomó cuarenta años. Nosotros podemos estar pasando por algo así en nuestras mentes, en nuestras vidas, negocios o trabajos e inclusive con la familia, dando vueltas en el mismo lugar una y otra vez, sabiendo que la tierra prometida está cerca; recalco de nuevo: solo es cuestión de cambiar nuestra forma de pensar y vencer la batalla de la vida. Dios tiene planes de bien para cada uno de nosotros.

¡Oh, Dios, acude a librarme;
apresúrate, oh Dios, a
socorrerme!

Salmo 70:1

Oh, Dios, no te alejes de mí;
Dios mío, acude pronto en
mi socorro.

Salmo 71:13

EL MOMENTO QUE DIOS LLEGA A TU VIDA

A la edad de trece años, un sábado, sin pensar Dios hizo un milagro: mi hermana me encontró en la puerta de una iglesia católica, yo era estudiante del catecismo; me llevó a su iglesia y ahí me invitaron a conocer a alguien importante que se llamaba Jesús. Lo acepté como mi salvador y mi sanador y, desde ese instante, el rumbo de mi vida cambió.

Como les comenté en el capítulo anterior, yo me crie sin padre y tenía un gran vacío llamado *papá*; mi madre era todo, ella trabajó para sustentarnos. Yo era un niño con poca autoestima, un niño tímido, que si hacía algo me parecía que lo estaba haciendo mal. Cuando Dios llegó a mi vida, él pudo llenar ese vacío de mi corazón; en ese momento, él me dio una nueva identidad y mi autoestima cambió, aprendí a comprender que todos somos iguales, descendemos del mismo padre y nadie es más ni menos que otro, que el color de la piel no te hace superior a nadie, que un par de zapatos o un pantalón de marca no habla por ti, pero que las actitudes hablan por cada uno de nosotros.

Los principios y los valores que tu familia te inculcan te servirán para siempre. Mi madre me enseñó sobre la humildad, honestidad y la lealtad, y los demás principios que necesitas en tu vida. Una vez cuando estaba en la escuela, cogí un borrador de un compañero y me lo guardé en mi bolso; mi madre, al enterarse de esto, me remprendió de una manera brusca delante todos ellos. Ella tenía una forma bien dura al educarnos, ya que yo era rebelde y caprichoso. Una vez me amarró con una soga, me castigó, y me sentí el niño más maldito que podía haber en la vida. Mi hermano mayor era igual al educarme, porque él era como un padre; siempre le llevo esa gratitud a él.

Dios cambió mi vida; recuerdo como si fuera ayer que, cuando una hermana de la iglesia oraba por mi vida, Dios me dijo: «Yo te elegí a ti, tú eres mío». Sin duda, era la voz de mi padre Dios, ya que en ese tiempo yo lo acepté como mi salvador en mi vida. Cuando intenté suicidarme algunas veces, él me dijo que iría directo al infierno. Cuando él dijo que me daba las naciones como herencia para llevar su palabra, no tenía ni idea de lo que se trataba, y ahora estoy seguro de que voy a llegar a miles de vidas y ser un testimonio de que su amor es verdadero. Recuerdo también que una noche Dios me dijo que debo perdonar a todos los que me hicieron daño y, como dije: «Todo tiene su propósito». Si en aquellos tiempos hubiese muerto, no estarías leyendo este libro y no sabrías lo grande que es Dios, pero heme aquí y junto a ti podemos hacer un cambio en la vida. Todo está dentro del propósito y los planes de Dios.

Fui poco a poco involucrándome en las cosas de Dios, entré a formar parte del grupo de alabanza, pude entender que mi don era la música; me gustaba escribir canciones y entonarlas con mi guitarra, ya que ese era mi llamado. Poco a poco empecé a entrar más en el mundo de la música. Tenía una buena hermana de la iglesia, ella era psicóloga y era nuestra mentora; nos motivaba a leer, a aprender y a prepararnos. Ella nos transmitió esa pasión por la lectura. Al pasar el tiempo fui comprendiendo que mi adolescencia fue cambiando poco a poco. Dios hizo un milagro grande en mi vida: entré a un curso de discipulado y logré terminarlo, entré a un curso de guitarra y me gradué en el instituto de música; lo que me he propuesto lo he alcanzado con el amor de Dios.

Lo más hermoso en la vida es
conocer el amor de Dios y poder
compartirlo con los demás para
que ellos también lo conozcan
y así puedan transmitir su gran
amor y misericordia.

Si nunca has aceptado a Jesús en tu vida, te hago la invitación de que lo hagas, le abras tu corazón y lo dejes entrar, y así podrás darun gran cambio.

¡Vamos! Repite conmigo esta oración:

> «Señor Jesús, te invito a que vengas a mi vida y que perdones mis pecados. Reconozco que he fallado, he pecado en palabras, pensamientos y en obras. Que seas tú mi señor. Te acepto como mi salvador, como el dueño de mi vida y que escribas mi nombre en el libro de la vida, en el nombre de Jesús. ¡Amén!».

Es de caballeros ser gratos
en la vida.

Juan Carlos Patiño

No guardemos cosas del pasado
en nuestra vida; a lo largo del
tiempo, eso empieza a apestar.

Juan Carlos Patiño

EL PODER DEL PERDÓN

Cuando decides perdonar a alguien por cosas que ya pasaron, por cosas que marcaron tu vida, podrás descubrir la libertad de tu vida.

El perdón no es un sentimiento o lo que tú dices: «Bueno, hoy voy a perdonar a esa persona por tal hecho, pero no me olvidaré de lo que hizo». Recuerda que sigues guardando cosas pasadas en tu vida y eso a lo largo empieza a apestar, es como tener guardado en tu refrigerador alimentos por un largo tiempo, que se empiezan a dañar y que cada vez, al abrir la puerta, eso apesta y molesta.

El perdón es una decisión que tú la debes tomar para liberarte de esos obstáculos que están ahí podridos en tu corazón y en tu mente, y que te afectan en tus actividades diarias; es esa decisión de coger esos alimentos dañados de la refrigeradora y botarlos para que no te hagan daño. Por ejemplo, esas situaciones en donde tú ves a esa persona que te hizo daño y te amarga el día, te daña los planes o te cambia el estado de ánimo; entonces, tú tienes que tomar la decisión de perdonar para así evitar que estas situaciones te controlen.

Dios puso en mi corazón el tema de este libro por las faltas de perdón que había en mi familia; cuando falleció mi tía, pude ver que sus hijos se pedían perdón los unos a los otros por cosas que tuvieron guardadas durante años y así pudieron liberarse, pero esperaron a que algo sucediera, y no debe ser así.

> «Perdonar nuestras deudas como también nosotros perdonamos a nuestros deudores».
> Mateo 6:12–Versión ReinaValera

Desde mi niñez hasta la edad de quince años tuve esa falta de perdón hacia mi padre; una noche tomé esa decisión de perdonarlo detodo corazón y así poder estar libre de toda amargura. Cada vez que lo veía se llenaba de veneno mi alma y mi día se dañaba, y a la gente que estaba a mi lado les hacía daño con mi actitud. Pero esa decisión cambió mi vida, me abrió puertas de bendición, decidí perdonar a mi abuelo que me rechazó a la edad de siete años. Esta situación marcó mi niñez con amargura y odio hacia él, pero todo lo hizo Dios y cosas nuevas a mi vida llegaron. Hoy, cualquier persona que me ofende o me hace daño la perdono y por eso puedo decir que estoy libre de todo rencor o amargura. Tengo una frase que la repito siempre:

> «No soy esclavo del rencor ni del odio, soy una persona libre en nombre de Jesús».

Cuando nosotros le abrimos la puerta al enemigo y le damos cabida, él empieza a llenar nuestras mentes con cosas del pasado, acordándote de todo y llenándote de tristeza y melancolía, y lo más importante es que te roba tu paz. No importa qué cosas tengas que perdonar, toma esa decisión; la falta de perdón nos trae enfermedad ynos limita de bendiciones. Cuando mi madre estaba mal de salud, ella tenía una falta de perdón hacia una tía; en el momento que ella tomó esa decisión, su salud empezó a mejorar a una gran velocidad.

Una vez escuché un testimonio de una señora que estaba postrada en una cama, dijo que ya no podía levantarse, que cada vez su salud iba de mal en peor; el doctor le dijo que ella ya iba a morir porque no había una cura. Cuando unos familiares le llevaron a un pastor de una iglesia para que la visitara, ellos le pidieron que hicieran una oración por ella; el pastor entró y empezó una conversación, él le preguntó que cómo era la relación con su familia y ella le comentó que tenía un conflicto con una de sus nueras y que no la podía ni ver; entonces, el pastor le dijo que lo que ella tenía era una falta de perdón. La señora no quería aceptar lo que el pastor le había dicho, que, si decidía perdonar, Dios iba a hacer un milagro en su vida; entonces, ella accedió y perdonó a su nuera. Cuando terminaron de orar, el pastor le dijo: «Levántate» y ella pudo levantarse; la familia vio el milagro que Dios obró en ella. La que estaba por morir, postrada en su cama se levantó y hasta el día de hoy camina y sigue su vida con normalidad, y así podemos ver que existen cosas tan sencillas en la vida que nos roban toda nuestra bendición.

NO TOMAR VENGANZA

Cuántas personas han hecho locuras solo por la falta de perdón, han accedido a la venganza en contra de esa persona que les hizo daño solo para, al final, ellos mismos terminar haciéndose más daño en su vida y la de sus familias. Jamás tomes justicia por tu mano, la justicia es de Dios.

Aquí les comparto la historia de José:

> Viendo los hermanos de José que su padre era muerto, dijeron: Quizás nos aborrecerá José, y nos dará el pago de todo el mal que le hicimos. Y enviaron a decir a José: Tu padre mandó antes de su muerte, diciendo: Así diréis a José: Te ruego que perdones ahora la maldad de tus hermanos y su pecado, porque mal te trataron; por tanto, ahora te rogamos que perdones la maldad de los siervos de Dios de tu padre. Y José lloró mientras hablaban.
> (Génesis 50:15-17)

> Mirad bien, no sea que alguno deje de alcanzar la gracia de Dios; que brotando alguna raíz de amargura os estorbe y por ella muchas sean contaminados.
> (Hebreos 12:15)

> Y cuando estéis orando perdonad si tenéis algo contra alguno, para que también nuestro Padre que está en los cielos perdone a vosotros vuestras ofensas.
> (Lucas 6:37)

Dios perdona nuestros pecados, nuestras actitudes; el amor de él es tan grande con cada uno de nosotros que dio a su hijo unigénito para el perdón de nuestros pecados y así alcanzar la vida eterna. Así que toma hoy esa decisión de perdonar a esa persona que te hizo daño y ten esa libertad que tu alma necesita y verás bendiciones sobreabundantes para tu vida, tu hogar y tu familia.

El querer es poder, pero el
aprender es superpoder.

Jim Kwik

Que tus sueños sean más grandes
que tus pretextos, porque tus
pretextos son diminutos ante
tus sueños.

Juan Carlos Patiño

SEREMOS COMO LAS ÁGUILAS

En el mundo existen cosas que se nos hacen fáciles de aprender y otras cosas que se nos hacen difíciles, pero Dios nos dio talentos, dones, que depende de cada uno saber explotarlos. La vida es el regalo más bello que él nos dio; ahora, cómo la vivamos, o lo que hagamos de ella, ya depende de nuestro conocimiento

Aquí te va un ejemplo:

Terminé de ver un reportaje sobre la vida de un águila. Nuestra vida puede reflejarse mucho con su vida, ya que en nuestro trayecto se nos presentan dificultades tal como al águila; esta, cuando tiene sus polluelos, caza y los alimenta con conejos, zorrillos, marmotas, entre otras; el bebé águila crece poco a poco, empieza a salir de su nido y su madre le enseña a volar, lo lleva a lugares de espinas para que él pase sobre las espinas, ya que ese dolor le hace abrir sus alas y así empieza a volar; entonces, el bebé águila empieza poco a poco a volar, sus primeros vuelos son cortos porque empieza a sansa liar y emprende su vuelo a base de fallas, y en una de esas fallas perfecciona el vuelo, y vuela varias millas; empieza a sobrevivir y a cazar sus presas, dando comienzo así a su independencia y llega a ser el monarca de los cielos. Al águila, cuando tiene una edad avanzada, le toca elegir y tiene dos opciones: es el momento de morir o volver a renovarse; cuando decide volver a renovarse, el águila va a la montaña más alta y ahí, en ciento cincuenta días, empieza su renovación, para así volver a ser de nuevo el monarca de los cielos.

Nosotros, los seres humanos, somos capaces de llegar muy alto, como un águila. En la vida nos toca dejar todas las comodidades y empezar a volar; cuando nos toque pisar las espinas, cuando la vida duela, es hora de agarrar vuelo y poder ser el monarca de nuestra libertad. Que las críticas sean nuestro alimento para fortalecernos y así seguir volando sobre toda circunstancia.

Cuando empecé a escribir los libros no tenía ni idea de cómo hacerlo, pero esa motivación no se perdía; día tras día, un ladrillo a la vez. Esos eran mis primeros aletazos, porque sabía que estaba sobre las espinas. Cada día que iba armando un libro, mis motivaciones eran nuevas; cada día empecé a hacer algo desconocido y al poco tiempo ya era algo conocido. Dios todos los días nos da nuevas oportunidades, solo tienes que clamar que el Espíritu Santo te guíe a hacer bien las cosas.

Cuando nos toca renovarnos como las águilas, yo entiendo que debemos capacitarnos, aprender y actualizarnos para poder seguir día tras día volando y conquistando el mundo, ya que este cambia muy rápido y no debemos quedarnos estancados con lo que se deja atrás. En ocasiones la gente dice: «Tienes que hacer lo que más te gusta», pero algunas veces no lo es. Mis sueños han sido los autobuses y tuve la oportunidad de trabajar seis años de mi vida, pero era el trabajo muy duro, entonces comprendí que tenía que buscar algo nuevo y empecé a escribir libros, canciones, frases, y descubrí que esa era mi nueva pasión. Cada día fui creciendo, pero todos los días sigo aprendiendo para que mi conocimiento no sea limitado.

Sal de ese nido de tus padres, empieza tu vida, empieza a independizarte y a emprender. Si te gusta hacer videos, escribir canciones, etc., en esta época no existe excusa, ya que ahora tenemos la facilidad de aprender en internet y lanzarnos a mostrarle al mundo lo que sabemos hacer. El único que no te perdona en la vida es el tiempo; si no hiciste las cosas, se te va como el agua entre los dedos. El tiempo sigue corriendo y tu edad sigue pasando, te sigues haciéndote viejo y no quieres empezar a volar.

Los únicos límites están en tu mente, así que:

- Hoy es el día de empezar
- Hoy marca tu historia
- Hoy tu vida cambia
- Hoy tienes la decisión
- Hoy empiezas a sentir ese cambio
- Hoy despertaste a ese líder de tu vida
- Hoy tú eres suficiente

Libera tu potencial y siéntete imparable. El mundo es como tú lo ves.

Juan Carlos Patiño

¿Qué te atreverías a hacer si no tuvieras miedo?

Juan Carlos Patiño

LIBERA TU POTENCIAL

Empecemos a descubrir nuestro potencial. Cuando nacemos, a cada uno de los seres humanos, Dios nos llenó con dones y talentos, con una capacidad de hacer cosas increíbles, pero, al pasar el tiempo, nuestras creencias, raíces y genética nos van limitando a hacer las cosas que hemos soñado.

Un día escuché a un pastor decir:

—¿Dónde están los lugares más ricos de la tierra?

A lo que él mismo se contestó:

—La verdad, no son los campos petroleros del Medio Oriente ni son las minas de diamantes de Sudáfrica, pues, la verdad, son los cementerios. Pues ahí están las canciones que nunca se cantaron, los libros que nunca se escribieron, los negocios que nunca se abrieron, los diseños que nunca salieron y los potenciales que nunca se desarrollaron.

¿Ahora, tú también quieres ser uno de ellos o quieres empezar a descubrir para qué eres bueno? Empieza a darle vida a ese sueño que está dormido.

Libertad; esta palabra proviene del latín *liberare.* Se encuentra compuesta por *libre* y se aumenta al sufijo *ar*, que es una terminación que sirve para formar verbos. Esta palabra hace referencia a la acción de desprender a una persona de algo que la tiene atada.

Entonces, libera el poder que tienes guardado, ya que si no lo explotas morirás con ese potencial, y no serás capaz de utilizarlo en lo que se debía. Tenemos una semilla pequeña, pero que puede dar fruto. Mira la semilla de mostaza, tan pequeñita; con el tiempo empieza a germinar en la tierra y tomar fuerza para crecer, y en un futuro se hará un árbol tan grande que, luego, dará sombra a miles de gorriones y alimentará a miles de aves; al mismo tiempo, sus raíces estarán bien arraigadas y preparadas para los fuertes vientos y tormentas; nada lo derribará ni lo destruirá. Así, tenemos que ser con nuestro potencial, para que, cuando vengan las críticas, los resentimientos y la envidia, no nos puedan tumbar y sobre todo podamos dar un fruto de ese potencial y vivir del don que Dios nos regaló. Recuerda que el segundo regalo que él nos dio es el don de hacer las cosas por excelencia.

Empieza a cultivar la semilla que llevas dentro de ti, ponla en una tierra fértil y verás que el fruto lo tendrás pronto.

El descubrir cuál es tu llamado, cuál es tu potencial, no tiene nada que ver con tu raza o color de piel y no tiene que ver con la edad que tengas; debemos estar preparados para lo que la vida nos depare. Te pongo el ejemplo del rey David; aquel niño que era pastor de ovejas, el mismo que, para poder vencer a Goliat con una honda y una piedra, pasaba en el campo preparándose y entrenando su puntería con leones, lobos y otros animales que acechaban a las ovejas de su padre. Todo este proceso, por más normal o sencillo que sea, es el plan de Dios. Al llegar el momento adecuado, todos los soldados temblaban de miedo del gigante, pero David estaba seguro de que él podía vencerlo y así fue; obtuvo la victoria, no solo él, sino todo el pueblo, pero el proceso siguió día tras día hasta que el rey Saul falleció y así David logró ser rey.

Preparémonos para destruir a todo gigante que acecha nuestras vidas. Nosotros, con el poder de Dios, somos más que vencedores. Una vez que destruyas a cualquier gigante que se interponga en tu vida, no limites lo que tienen tus dones.

LA PARÁBOLA DE LOS TALENTOS

Les voy a contar otro relato que está en la Biblia. Se trata de tres personas a quienes les encargaron unos talentos.

> Porque el reino de los cielos es como un hombre que, partiendo lejos, llamó a sus siervos y les encomendó sus bienes.
> A uno le dio cinco talentos, y a otro, dos, y al otro, uno; a cada uno conforme a sus capacidades; y luego se fue lejos.
> Y el que había recibido cinco talentos fue y negoció con ellos, y ganó otros cinco talentos.
> Asimismo, el que había recibido dos, ganó también otros dos.
> Pero el que había recibido uno fue y cavó en la tierra, y escondió el dinero de su señor.
> Después de mucho tiempo volvió el señor de aquellos siervos e hizo cuentas con ellos.
> Y, llegando el que había recibido los cinco talentos, trajo otros cinco talentos, diciendo: Señor, cinco talentos me entregaste; he aquí, he ganado otros cinco talentos sobre ellos.
> Y su señor le dijo: bien, buen ciervo y fiel; sobre poco has sido fiel, sobre mucho te pondré; entra en el gozo de tu señor.
> Llegando también el que había recibido los dos talentos, dijo: Señor, dos talentos me encomendaste; he aquí he ganado otros dos talentos sobre ellos.

> Su señor dijo: Bien, buen siervo y fiel, sobre poco has sido fiel, sobre mucho te pondré; entra en el gozo del Señor.
> Pero llegando también el que había recibido un talento, dijo: Señor, te conocía que eres hombre duro, que siegas donde no sembraste y recoges donde no esparciste; por lo cual tuve miedo, y fui y escondí tu talento en la tierra; aquí tienes lo que es tuyo.
> Respondiendo su señor, le dijo: Siervo malo y negligente, sabías que siego donde no sembré y que recojo donde no esparcí. Por tanto, debías haber dado mi dinero a los banqueros, y al venir yo, hubiera recibido lo que es mío con los intereses.
> Quitadle, pues, el talento, y dadlos al que tiene diez talentos. Porque al que tiene, le será dado, y tendrá más; y al que no tiene, aun lo que tiene le será quitado.
> Y al siervo inútil echadle en las tinieblas de afuera; allí será el llanto y el crujir de dientes.
> Mateo 25:14-30

Así con este ejemplo ya no tenemos pretexto para empezar a desarrollar nuestro potencial y nuestro talento. Porque dice Dios que «al que no tiene será quitado y dado al que tiene más».

Que el miedo al rechazo
no nos limite a vivir la vida
que soñamos.

Juan Carlos Patiño

No creas todo lo que te dicen,
porque tú naciste para triunfar.

Juan Carlos Patiño

EL RECHAZO

El rechazo es una de las heridas más grandes y profundas que puede recibir el ser humano. Es una herida emocional del corazón. El sentimiento de no ser aceptado o querido, o ser parte de un grupo y no poder estar dentro. El rechazo es vergüenza y humillación.

En ánimo o en espíritu soportaré la enfermedad, mas quien soporta el espíritu amargado de un hijo, o hija, no deseado desde el embarazo, ya empieza a sentir el rechazo cuando no se expresa el amor hacia el niño, ya que él recibe todas las emociones.

Desde niños nacemos con un deseo insaciable, el de que nuestro padre nos dé un abrazo y nos haga sentir bien. En toda mi niñez he sufrido de rechazo y me ha costado lágrimas, es un dolor profundo en tu corazón, es la herida más grande que puedes tener que marca tu vida.

Yo me crie en el campo. Mi madre, una mujer humilde, yo y toda mi familia hemos sufrido de rechazo, desde la escuela; no era aceptado por no usar zapatos como ellos; yo utilizaba zapatos de lona y ellos zapatos de suela, y por no utilizar mochilas nuevas. Nosotros teníamos una prima que nos regalaba lo que los hijos ya no utilizaban y cuando empezamos a trabajar tuvimos el dinero para comprar zapatos casuales y poder asistir a clases.

Los profesores los querían más a los niños que sacaban buenas notas; tenía un profesor que me dijo: «Tu no sirves para estudiar, para lo único que sirves es para cuidar vacas». Cuando eran las jornadas deportivas de la escuela, nosotros no íbamos por nuestra situación económica, ya que no teníamos para comprar el uniforme y así poder participar.

Nosotros siempre nos sentíamos menos que otros; por mi mente siempre pasaba ese mismo pensamiento, que ellos valían más por sus prendas de vestir, y que yo valía menos porque usaba la ropa que la gente me regalaba. Desde ahí empecé a tener un corazón duro hacia las personas, porque pensaba que todos nos querían humillar. Un rechazo en la niñez puede ser la marca más grande que tengas en tu vida, porque desde ahí sabrás distinguir entre personas buenas y malas.

Cuando la gente preguntaba: «¿Quién es tu papa?», yo les decía que no lo conozco y con base en esto mi felicidad se perdió, porque nunca tuve una niñez como era debida y tuve miedo a la sociedad, miedo de conversar con la gente, porque pensé que me iban a rechazar, y todo este miedo me llevo a aislarme. Cuando Dios sanó mi corazón comprendí el valor de mi vida, comprendí también que ¡Jesús fue rechazado por todos nosotros, pero murió por nuestros pecados!

La única terapia que tuve fue la lectura, empecé a comprar y leer libros sobre el rechazo y otros temas que me sirvieron bastante. Leia historias de gente que salió de esas crisis y ahora siguen adelante. Así será mi historia, los motivará a seguir viviendo la vida de una manera diferente, aun sabiendo de dónde vienes y a dónde vas.

UNA PERSONA CON SÍNTOMAS DE RECHAZO

1. **No puede compartir amor**

Una persona no puede dar lo que no recibió.

Lo que tenemos ahí se hizo una maldición. La madre no recibióamor, la hija no recibió amor, ahora la hija de la hija tampoco, porque ninguna de ellas recibió amor, sino solo rechazo. Sigue una gran cadena de criar hijos con rechazo.

2. **Tiene siempre amargura**

La amargura nos hace menos que los demás, y nos hace tener el corazón de piedra para evitar que la gente nos siga haciendo más daño.

3. **La autoestima baja**

Nuestra autoestima está por el suelo, por eso existen bastantes jóvenes y señoritas en el mundo perdidos en las drogas, alcohol, mujeres, prostitución, entre otros.

4. **Se siente impotente**

La impotencia nos limita a hacer muchas cosas; por nuestra mente divaga ese momento que alguien nos rechazó y nos sentimos furiosos, intranquilos, creemos que vamos a hacer las cosas mal y nos van a regañar de nuevo o burlarse.

5. **Insuficiente**

Podemos tener todo a nuestro alrededor, pero seguimos con esa sensación de que nos falta algo y tenemos miedo a fallar.

6. **Lujurioso**

La lujuria llega a nuestra vida cuando tú sabes que fuiste rechazado por X persona, pero alcanzaste algo en tu vida.

CÓMO CREES QUE LIDIAS CON EL RECHAZO

1. **Rendirse, darse por vencido ante el dolor; el rechazo es agresivo**

Con el rechazo viene la soledad, la autocompasión. La falta de esperanza te guía a la depresión, te guía al suicidio o a la muerte.

2. **Retraerse o aguantarse**

Cubrir el dolor te trae más consecuencias. Detrás de un payaso existe dolor; hay gente que usa una máscara para tapar el dolor, pero ese dolor solo lo cura Dios.

3. **Contratacar**

Cuando una persona te hiere, para la segunda ocasión sacarás tus garras para defenderte y contratacar.

4. **Resentimiento y odio**

Odiarás a esas personas que te hicieron daño y te creerás mejor que ellas.

Cubrimos las heridas con rebeldía porque estamos rotos por dentro. Rebelión y odio son un acto de brujería.

Las cuatro formas no tienen solución para el rechazo. Si túretraes y contratacas, lo único que haces es causar daño y esa acción te satisface, pero no te sana. Para sanar el rechazo de tu vida, lo único que puedes hacer es aplicar el poder del perdón y buscar el camino de Dios.

Jesús en la cruz lleva nuestro rechazo, para que nosotros seamos aceptados ante el padre y tengamos vida eterna.

Si en tu vida existe esa sensación de rechazo, te invito a buscar a Dios para que él sane tu herida.

Repite conmigo:

> «Señor Jesús, llego ante ti, mi Señor, no puedo más llevar esta carga; este dolor de rechazo en mi vida te lo entrego a ti y perdono a esa persona que me hizo daño. Líbrame, Dios, de todo rechazo que trajo el enemigo a mi vida para vivir humillando, para hacerme sentir menos que los demás. Gracias, Dios, porque tú haces la obra en mi vida y me haces una persona libre, para darte toda la gloria en el nombre de Jesús. ¡Amen!»

Cada día al levantarte, al acostarte o cuando alguien quiere hacerte daño dile:

«¡SOY UNA PERSONA LIBRE, INMUNE AL RECHAZO, PORQUE DIOS ME FORTALECE!»

Cada día, esta es mi estrofa al levantarme o al acostarme; me ayudó bastante, porque cada día mi autoestima es más alta. Esta frase la coloqué en mis redes sociales, porque con unas simples palabras puedes ayudar a muchas personas, porque nunca se sabe por lo que está atravesando la gente.

Solo la disciplina nos llevará al éxito. Cada día tratemos de ser más disciplinados.

La pobreza y la vagancia
atacarán como un
hombre armado.

Proverbios 24:34

DISCIPLINA

DISCIPLINA = GOBERNAR

La disciplina debe ser parte de nuestra vida; para empezar a tener éxito debemos empezar por disciplinarnos en todos los aspectos.

Dice Jim Rohn:

> Debemos dominar el arte de la disciplina y la constancia que se necesita para eliminar nuestros errores. Se necesita disciplina para ser honrados con nosotros mismos, para no aparentar ante los ojos de otros; cada exageración ante los demás destruye nuestra credibilidad.

Cambiemos los patrones del viejo hombre. Te voy a poner algunos ejemplos:

Empecemos a cambiar el horario de dormir y levantarnos; si te quedas en las redes sociales hasta altas horas de la noche, al siguiente día no tendrás energía, no habrás dormido bien y no habrás sacado provecho de un nuevo día que Dios te regala.

El día tiene 24 horas y la gente usa de la siguiente manera su tiempo:

- 8 horas en el trabajo.
- 8 horas para dormir.
- Ahora te sobran 8 horas y estas las usas para:
- 2 horas para ir y volver de tu trabajo.
- 3 horas con tu familia.
- 1 hora para comer.
- 2 horas pasarás en tu teléfono.
- Este ejemplo lo comparto así, pero ahora haz la cuenta de cómo tú lo administras.
- **24 × 7 = 168** (24 horas multiplicado por 7 días, que lleva la semana, nos da un total de 168 horas).
- **24 × 30 = 720** (24 horas multiplicado por 30 días, que lleva el mes, nos da un total de 720 horas).
- **24 × 365 = 8760 horas al año** (24 horas multiplicado por 365 días, que lleva el año, nos da un total de 8760 horas).

Entonces, multipliquemos el tiempo que pasamos en el teléfono, el tiempo que pasamos en el trabajo, con la familia, el tiempo que pasamos con los amigos y el tiempo que le dedicamos a nuestros sueños. Todas esas horas multipliquémoslas y veremos a qué estamos dedicando más nuestro tiempo. Si pasamos horas enteras en el celular, al día, pueden ser unas **2 horas** diarias, por **30 días** son **60 horas** a la semana, y al año son **720 horas.** Esas horas están edificando tu vida o robándote tu tiempo.

El tiempo es lo que edifica tu futuro. Empieza por el cambio, usa el tiempo a favor en tu vida para empezar a disciplinarte y ver esos cambios en el futuro. El propósito de este libro es ayudarte a generar un cambio en ti, en tu familia, en tu hogar y en las generaciones que vienen atrás; solo decide hoy, empieza una nueva disciplina en ti y contagia a tu familia.

Yo empecé a disciplinarme de la siguiente manera: me acuesto más temprano, leo más libros; paso menos tiempo en el teléfono y hago ejercicio. Yo, por experiencia, te puedo decir que perdí mi tiempo metido horas en las redes sociales.

Empieza a disciplinarte con nuevos hábitos. Como el acostarte más temprano; dedícale los minutos necesarios de oración a Dios, porque siempre tenemos que estar agradecidos con él; al levantarte empieza por tender tu cama y así recordarás que en la noche nos espera otro descanso; empieza a arreglar la ropa, no la tires donde quieras; tomate el tiempo de leer cuatro libros al mes, ya sean libros digitales o impresos; dale disciplina a tu vida y verás grandes cambios.

Cada mañana al levantarte empieza bebiendo un vaso de agua, ya que así nos refrescamos y recuperamos el agua que pierde nuestro cerebro al descansar. Si tienes el vicio de llegar en tu trabajo a la hora justa, llega quince minutos más pronto, conversa con el guardia, con el conserje y así estarás prestando tu atención y oídos a esa persona. Además, a través de la disciplina, tú puedes obtener un ascenso en tu trabajo.

Dice Jim Rohn: «Es más fácil prender un televisor que apagarlo».

Así mismo es más fácil estar acostado que levantarte. Los que triunfan en la vida son las personas que tienen disciplina. Eliminemos nuestra mente desértica.

Las personas que tienen dominio propio y disciplina viven más tiempo, son más felices, obtienen mejores calificaciones, están menos deprimidos, son más activos físicamente, consumen menos alcohol y tienen mejores trabajos, mejores hogares y duermen mejor.

¿Dentro de ti hay esa hambre y esa sed de tener disciplina y éxito?

¿Qué serías capaz de hacer para disciplinarte?

¿Empiezas hoy o cuándo?

Escribe aquí qué disciplinas quieres empezar a hacer desde hoy. Toda cosa nueva que empecemos a hacer desde hoy se hace un hábito en quince días, entonces, no es difícil, ¿verdad?

1)..

....

....

....

2)..

....

....

....

3)..

....

....

....

Que estas líneas no te limiten a ser disciplinado.

Que las excusas no te limiten
a soñar, tus sueños son más
grandes que ellas.

Juan Carlos Patiño

Que tus sueños se embarquen
en el tren correcto, porque cada
estación será una pausa para
impulsarnos más.

Juan Carlos Patiño

DESENTERRANDO TUS SUEÑOS

Empieza a desenterrar cada uno de tus sueños, despierta esos sueños que creías dormidos, dales vida y construye un mejor futuro para tu vida, y que nuestra visión sea más fuerte que nuestras necesidades. Con una actitud correcta las cosas comenzarán a fluir. Las tribulaciones son momentáneas; cuando cruces por el valle de sombra y de muerte, no pierdas tus sueños, no te desenfoques por algotemporal.

¿Cuál es el sueño que Dios puso en tu corazón? ¿Qué sueño de niño te motivaba cada mañana al despertar para ir a la escuela?

De niño mi sueño era ser músico; me imaginaba en escenarios llenos de mucha gente. Soñaba con escribir libros, pero la vida no es como uno cree de niño, pero Dios está ahí, en cada momento, en cada estación que tú pares; entonces, a los veinte años más tarde empecé a trabajar mis sueños y a hacerlos realidad; a la edad de treinta y un años empecé a escribir mis libros, empecé a escribir canciones, a hacer videos. Mis sueños empezaron a tomar forma, a nacer, a echar raíz y sobre todo empezaron a florecer.

Aprendamos a estar contentos con cada estación que Dios nos da; sea mala o sea buena, no te desanimes, solo tenemos que aceptarla y vencerla.

Mi madre, cada mañana al levantarse por la madrugada, entona alabanzas a Dios. Ella no sabe muy bien las notas de la guitarra, pero eso no le impide dar la gloria a Dios; ella tiene sesenta y cinco años y su sueño es alabar y servirle al Todopoderoso. Cuando tenemos oraciones familiares, ella, sin que nadie le diga, coge su guitarra y comienza a cantar alabanzas.

Muchas veces nos ha tocado limitarnos por algo insignificante, pero, cuando tú decides seguir, no existen barreras que nos limiten. No permitas que nadie, ni nada, te robe tus sueños, no existe edad para volver a empezar, porque la vida es como una construcción; un ladrillo a la vez. Dios te llevará a lugares donde tú no te imaginas.

A través de José y María, Dios cumplió su sueño: que de ellos naciera su hijo, el salvador del mundo; aunque pasaron muchas dificultades, pero ese sueño se realizó. Todo lo que Dios hace, lo hace perfecto.

Entonces, no te limites a volver a soñar cada día, volver a luchar por esos sueños. Aprende a hacer de los obstáculos una bendición para los demás a través de tus sueños. Sacude las malas vibras y enfócate en las cosas buenas de la vida.

No toda estación es primavera, debe haber estaciones para sembrar y cosechar; esta nueva estación nos prepara para la siembra. Dios está obrando en el tiempo correcto para que la estación dé su fruto.

EL INVIERNO SIEMPRE TRAE LA PRIMAVERA

La vida de José

José tenía diecisiete años, ayudaba a sus hermanos, los hijos de Balay y Zilpa, a cuidar ovejas, pero José le contaba a su padre lo mal que se portaban sus hermanos.

Jacob amaba a José más que sus otros hijos, pues había nacido cuando era muy anciano. Por eso le hizo la capa de muchos colores. Pero sus hermanos lo odiaban y ni siquiera le hablaban, pues ellos sabían que su padre lo quería más que a ellos.

Un día José tuvo un sueño. Cuando se lo contó a sus hermanos, ellos lo odiaron aún más, pues les dijo: «Anoche tuve un sueño y soñé que estábamos en medio del campo atando el trigo en manojos. De repente, mi manojo se levantó y quedó bien derecho, mientras los de ustedes lo rodeaban y se inclinaban ante él». Sus hermanos protestaron: «Ahora resulta que vas a ser nuestro rey y nuestro jefe». Y, por causa del sueño y por lo que le decía, creció en ellos el odio que le tenían.

José tuvo otro sueño y también se los contó a sus hermanos. Les dijo: «Fíjense que tuve otro sueño. Resulta que esta vez el sol, la luna y once estrellas se inclinaban ante mí».

Cuando les contó este sueño a su padre y a sus hermanos, su padre lo reprendió, y le dijo: «¿Qué clase de sueño es ese? ¿Quieres decir que tu madre y tus hermanos, y yo mismo, vamos a ser tus esclavos?». Y sus hermanos le tenían envidia, pero su padre trataba de entender el significado de sus sueños.

José fue vendido como esclavo ante Potifar y ellos pensaron que así se acabaría toda esa envidia que tenían hacia su hermano, pero José pasó por un proceso ante el faraón.

Ese proceso le sirvió para pulir su vida. Él tenía ese don de interpretar los sueños del faraón. Fue ascendido a un mejor puesto, pero un día llegaron sus hermanos ante él, en busca de comida, y no lo reconocieron, pero se humillaron ante él y se izó realidad el sueño que les había contado.

En nuestras vidas tenemos que ser bien sabios, tienes que saber a quién cuentas tus sueños o propósitos, porque en la vida existen muchos robasueños. En algunas ocasiones nuestra familia es nuestro peor enemigo, te van a dar la espalda, se te van a burlar, van a hablar a tus espaldas. Pero que cada una de esas cosas te sirva como un escalón para seguir adelante.

Pon en las manos de Dios, cada uno de tus sueños, metas, pero, ten calma que todo llegara a su debido tiempo. Y recuerda que tú, solo tú, eres la persona suficiente para conquistarlos.

Escribe tus sueños aquí, hoy es el comienzo de algo nuevo.

....

....

....

....

....

....

La lealtad es el valor más grande
de un corazón honesto.

Juan Carlos Patiño

La traición es el resultado de un corazón herido.

Juan Carlos Patiño

EL VALOR DE TU LEALTAD

La lealtad como valor es una virtud que se desenvuelve en nuestra conciencia, en el compromiso de defender y de ser fieles a lo que creamos, en quien creemos, en la obediencia y la fidelidad, el honor, la gratitud y el respeto.

La lealtad es el honor y el respeto que se tiene ante las otras personas, en nuestro hogar, trabajo, grupos e iglesia.

Seamos leales con todos con nuestros amigos.

Seamos leales con nuestras esposas.

Seamos leales con nuestros esposos.

Seamos leales con nuestros hijos.

Seamos leales con nuestros hermanos.

Seamos leales con nuestros jefes.

Seamos leales con nuestros padres.

Seamos leales con nuestros pastores o ministros.

Seamos leales con nosotros mismos.

Cuando comprendemos este valor, que es la lealtad, habrá gente que estará contigo solo por interés: amigos, familiares, entre otros. Y, cuando te encuentres quebrado, se irán y te darán la espalda. Habrá otro grupo que sí estará contigo, no por interés, sino por tu valor como persona; ellos sí te serán leales, estarán contigo en las buenas y las malas, así como tú lo estarás para ellos y tendrás que recompensarlos con tu lealtad.

Si estás en algún grupo de amigos, o si eres maestro, líder de una comunidad, etc., comparte tu información y valores con los tuyos, porque la lealtad es una cadena que vale la pena seguir.

Si tú eres estudiante, tienes que ser leal contigo mismo, y no copiar en los exámenes o trabajos; aunque saques buena nota, te estás engañando a ti mismo.

Cuando te enamores, no te fijes en su cuerpo o la ropa que usa, no te enamores de lo que material, enamórate de sus principios, de los valores que tiene hacia las demás personas. Una persona vanidosa, materialista, egoísta o caprichosa, tarde o temprano, se va de tu lado con el mejor postor o postora.

Si tú ya eres padre o madre, tienes que enseñarles a tus hijos sobre la lealtad; la lealtad no solo hacia las personas, sino hacia sus sueños, sus metas y anhelos. Cuando ellos sean grandes te serán leales a ti primero. Como padre de familia, tendrán lealtad a su pareja y alcanzarán grandes bendiciones.

El amor y lealtad más grande que existe hacia nosotros es el de Dios, que, a pesar de que le fallamos a diario, él está siempre a nuestro lado cuando más lo necesitamos. Cada día al levantarnos y al acostarnos nos corresponde serle leales y gratos a Dios, por todas las cosas que él hace por nosotros.

Si tú siembras lealtad, cosecharás lealtad y, si siembras traición, cosecharás traición. Recuerda que al sembrar un grano de maíz no puedes esperar un árbol de manzanos, porque lo que cosechas lo recibirás; entonces, ese grano de maíz te dará una mazorca, la cosecha será bastante. De un simple grano que sembramos podemos obtener riqueza o pobreza; riqueza con grandes plantaciones de bendiciones, y pobreza con granos podridos y hambruna para tu vida.

Podemos ver la historia de Can, hijo de Noé, en el libro de (**Génesis 9:20-25**):

> Que fue él desleal con su padre.
> Y bebiendo vino y se embriagó y estaba descubierto en medio de su tienda y Can, padre de Canaán, vio la desnudez de su padre y dijo a sus dos hermanos que estaban afuera entones. Sen y Jafet tomaron sus ropas y las pusieron sobre sus propios hombros y andando hacia atrás cubrieron la desnudez de su padre, teniendo vueltos sus rostros, y así no vieron la desnudez de su padre.
> Y despertando Noé de su embriaguez y supo lo que le había hecho su hijo más joven y dijo: «Maldito sea Canaán, siervo de siervos será a sus hermanos».
> Génesis (9:20-25)

La deslealtad nos trae maldiciones generacionales y si no nos arrepentimos la arrastraremos por generaciones,

En Salmos (**19:11-14**):

> Tu siervo es además amonestado con ellos; en guardarlos hay grande galardón. ¿Quién podrá entender sus propios errores? Líbrame de los que me son ocultos.
> Preserva también a tu siervo de las soberbias. Que no se enseñoreen de mí.
> Entonces seré íntegro y estaré limpio de gran rebelión. Sean gratos los dichos de mi boca y la meditación de mi corazón delante de ti. Oh Jehová, roca mía y redentor mío.
> Cada lealtad traerá grandes bendiciones a nuestras vidas y a nuestras familias.
> Salmos (19:11-14)

La gratitud es de un corazón
lleno de amor, él dará lo
que recibió.

Juan Carlos Patiño

Cada mañana,
da gracias a Dios por todo el
amor que él está dispuesto a
darnos cada segundo de vida.

LA GRATITUD

El sentimiento de gratitud es la acción y efecto de agradecer por algo que recibió, o estimar un favor.

Con un día más, con un día menos, cumplimos con nuestro trayecto de vida. Practica el valor de la gratitud. Este es el consejo más viejo que te abrirá puertas de bendición, caminos desconocidos y, sobre todo, éxito en tu vida. No siempre tenemos que ser gratos por las cosas buenas. Sí, por todo:

- Por las lluvias
- Por el sol
- Por el viento
- Por tu comida
- Por tu familia
- Por tus hijos
- Por tus padres
- Por tu trabajo
- Por tu negocio
- Por tu pareja

Aun cuando las cosas no vayan bien, también seamos gratos con Dios. Si algo nos va mal, es por falta de conocimiento o experiencia, pero puedes agradecerle al Señor para que te de sabiduría y entendimiento, y gracia ante los ojos de los hombres.

Muchas veces, es más valioso dar que recibir; el precio de la gratitud es infinito, pero lo que plantamos lo cosechamos, como bien sabemos. Si tienes algo que alguien más lo necesita, démoslo en vida; comparte si algo te sobra. Tienes ropa o zapatos, muebles que no te sirvan, no solo en lo material, sino en lo espiritual y sentimental, comparte y sembrarás gratitud y bendiciones en las demás personas, y así tú cosecharás muchas recompensas que Dios tiene para ti. A veces, a nosotros nos estorban las cosas que no son útiles, pero las seguimos guardando, diciendo: «De repente nos sirve». En cierta parte es verdad, porque uno nunca sabe en lo que se puede usar, pero, mientras tú sigues acumulando cosas inútiles, para otros será una necesidad que ellos no pueden adquirir.

> Porque lo que tú desprecias alguien más lo
> querrá tener.

Mi padre y mi madre han sido unas personas gratas en su vida,y pude aprender de ellos, pude ver que se abrían muchas puertas de bendiciones. Cuando voy con mi padre, veo que, a donde él vaya, es grato, y puedo ver que, en un par de minutos, ya está haciendo amistades con gente que está por ahí cerca, en algún lugar que no conocemos.

En el libro de los **Hechos (27:35)**, dice:

> Y, habiéndose esto, tomó el pan y dio gracias
> a Dios en presencia de todos, y partiéndolo
> comenzó a comer.
> Hechos (27:35)

Siempre que vayas a servirte los alimentos, bendícelos para que te sirvan de nutrición a tu cuerpo y nunca te falte el pan de cada día.

Cuando hubo cuarentena por la pandemia del covid-19, había mucha gente que no tenía qué comer, porque muchas personas viven del día a día; esos fueron los momentos más duros, fueron 120 días. Poco a poco fuimos saliendo, viendo el poder de Dios, que nunca nos dejó sin comer y nos bendecía con frutas, granos y verduras que teníamos sembrados en el campo.

Un poco compartimos con los vecinos que no tenían. Gracias a Dios, pudimos salir de todo esto porque día a día éramos gratos con él. Hoy, aprende a ser gratos con todos los que te rodean, verás tu entorno cambiar, el Señor siempre va a estar en todo momento colmándote de muchas bendiciones.

Si a mí me sabían regalar un par de pijamas, pues yo los compartía con mis hermanos. Hubo un tiempo que no tenía un centavo en el bolsillo, pero fui grato con Dios y pude ver la gratitud de mis hermanos hacia mi vida, y entonces ellos me ayudaron comprando los alimentos; pude ver que sembré en buena tierra, y pude cosechar buenas cosas para mi entorno. De igual manera con mis hermanas; si algo tenía, lo compartía con ellas y sus hijos.

No da el que más tiene, sino el que menos tiene. Empecemos sembrando valores en nuestra familia, porque, en estas épocas, se están perdiendo los grandes valores. Aprendamos de nuestros abuelos, o de la gente de la tercera edad, que cuentan con pocas cosas para sus alimentos, pero al visitarlos nos dicen: «Sírvase un cafecito» o «Disculpará este poquito». Aunque ellos lo tomen como un poquito que nos sirven, para los que somos agradecidos es mucho. Siempre en tus oraciones recuerda pedir por ellos, por que nunca se queden solos y siempre puedan seguir adelante, hasta el día de su muerte.

> Pues, habiendo conocido a Dios, no le glorificaron como a Dios ni le dieron gracias, sino que se envanecieron en sus razonamientos, y su necio corazón fue entenebrecido.
> Romanos (1:21)

UN SÍMBOLO DE GRATITUD DE LOS JUDÍOS HACIA ADIOS

Los judíos preparan un banquete por la gratitud que ellos tienen hacia Dios, por todas las cosas buenas y malas que les pasaron, esa es una ofrenda de gratitud que hacen ellos cada año.

> A ti te doy gracias por ser mi lector y ser parte de mis libros. Dios te bendiga cada día de tu vida en abundancia.

Comparte la paz, la bondad y la
gratitud que hay en tu corazón
con los demás.

Juan Carlos Patiño

Tenemos la capacidad de tener
un cerebro pensante para tomar
grandes decisiones.

Juan Carlos Patiño

¿CÓMO TE VES TÚ?

Es muy importante como te veas tú. Recuerda que tú eres único.

Eres una persona original.

Eres imagen y creación de Dios. Tú tienes el ADN de Dios.

Tú eres el creador de tu destino. Tú eres el arquitecto de tu vida. Tú eres una persona suficiente.

Es importe que empieces a visualizar en la vida cómo quieres verte en el ámbito profesional, físico, espiritual o en el ámbito económico. No sé a qué quieras dedicarte o cuál sea tu profesión, pero, si tienes una perspectiva clara de a lo que quieres dedicarte, no estés dando vueltas en el mismo desierto, no te estanques y empieza a verte como lo grande que eres tú, ese ser imparable que rompe récords.

Si tú eres la oveja negra, existe una infinidad de cosas malas que verán en ti, pero te vuelvo a recordar que tú eres una persona capaz de alcanzar tus metas y tus sueños. Serás la oveja negra que cambiará la situación de tu hogar y la de tu familia.

Te puedo contar muchas historias de gente significante que marcó historia en el mundo, grandes estrellas de futbol, de basquetbol, o músicos, actores de cine. Gente en la que nadie creyó, pero ellos se visualizaron en grande y lucharon por ese sueño y al final lo alcanzaron; no es fácil, pero tampoco es imposible. Somos seres vivos con la capacidad de tener un cerebro para tomar decisiones. Así que tú decides si algún día quieres que cuenten tu historia.

Desde niños, tenemos esa sed y las ganas de ser un superhéroe, de salvar el mundo, pero, al pasar el tiempo, esos sueños, esas ilusiones, se van desvaneciendo. Pero Dios tiene esos sueños vivos para nosotros, él sabe de la capacidad que nos dio y por qué nos creó. Dios vive en tu corazón, escucha tus pensamientos y comprende tus necesidades, cumple tus anhelos, sueños y metas. Tómate un tiempo y mira por un momento todas las maravillas que hay a tu alrededor, mira el cielo: algo infinito, mira la tierra: una maravilla, y qué decir del mar, no hay comparación con lo que hizo el Todopoderoso; nos creó a nosotros a su imagen y semejanza porque venimos del mismo linaje de él.

El pueblo de Dios
Más vosotros sois linaje escogido, real sacerdocio,
nación santa, pueblo adquirido por Dios, para que
anunciemos las virtudes de aquel que nos llamó de
las tinieblas a su luz admirable.
(1 Pedro 2:9)

«De esta descendencia venimos nosotros. Tú no eres lo que te dice la gente, eres lo que Dios dice».

Aún no tenía ni idea de lo que podía escribir; «tal vez un poema», dije. Pero cada mañana yo me proclamaba como un escritor, mis libros llegarían a millones de vidas, y hoy esta es la respuesta: tú ya estás leyendo este libro.

Cada mañana al levantarme me proclamo como un hombre exitoso, un hombre imparable, que brinda conferencias, un compositor de música exitoso, y me proclamo a mi vida solo cosas positivas y que soy una persona suficiente para generar un cambio en la vida de los demás.

Empieza desde hoy a proclamar cómo quieres verte en un futuro, no importa de dónde vengas o cómo seas, no importa tus recursos o tu situación, tienes que saber que tú eres suficiente y eres muy importante y que te quiero mucho, y algún día, desde el suelo vamos a llegar muy lejos.

Dios llama a las cosas que no son como si ya fueran.

Dios llamó a David rey, aun cuando él era un pastor de ovejas y fue proclamado rey.

Dios llamó a Moisés libertador, aun cuando él era tartamudo y esclavo, y él sacó al pueblo de Egipto de las manos del faraón.

Dios llamó a Abram padre de multitudes, aun sabiendo que su mujer era estéril, pero el Todopoderoso cumplió su palabra: Abram fue padre de multitudes, Sara tuvo a su hijo en su vejez y de ahí nació Isaac, el hijo de la promesa.

Dios llamó a José rey, aun cuando sus hermanos lo vendieron como esclavo.

Dios ve tu potencial, él cree en ti, así como yo. Dios sopló y dio vida a tu favor.

Vendrán momentos duros, momentos oscuros, pero no te desanimes, cada día estás más cerca de alcanzar tus sueños. No hagas pacto con la mediocridad ni la miseria, no cambies el futuro que Dios tiene para ti.

Recuerda cada día: Dios está llevándote a otro nivel de gloria y de victoria.

No es casualidad que hayas leído este libro. Dios pone a la gente correcta en el momento correcto para que alcances tus sueños.

Escribe aquí cómo quieres verte en un futuro:

....

....

....

....

....

....

....

....

....

....

....

....

....

....

TÚ ERES SUFICIENTE. LO LOGRARÁS.

Aprendamos de los valores del
más viejo, porque a nosotros
también nos tocará impartir
valores a los demás.

Cuando se terminen tus excusas,
empezarás a tener mejores
resultados.

Juan Carlos Patiño

APRENDE A SER CHÉVERE

En mi país, muchas veces escuchamos la palabra chévere. «¡Ah!, ese *man* es chévere». Generalmente, este término se usa para describir a alguien o algo que es bueno o de calidad. Si tú eres de mi país y alguna vez te dijeron: «Tú eres chévere», ¿cómo te sentiste cuando escuchaste esto o cómo te resumías tú?

La palabra *chévere* tiene distintos conceptos de acuerdo en qué país estés, pero, en mi país, esta palabra en una persona se la puede definir como que es accesible a todo terreno, fresco, sociable o buena gente. A mi manera, la palabra *chévere* la defino de la siguiente manera:

CHÉVERE

C = Confianza

H = Hablar en voz alta

E = Escuchar

V = Visualizar

E = Estudiar

R = Repetir

E = Ejecutar

LA CONFIANZA

¿Cómo es tu confianza contigo mismo? ¿Qué puedes lograr o que puedes alcanzar?

La confianza también es la seguridad o esperanza firme que alguien le tiene a otra persona.

La confianza es como tu salario, tienes que trabajar para ganar, pero depende de cómo guardes lo que ganaste para mantenerte; de igual manera, la confianza en un par de segundos la puedes perder y para ganártela de nuevo tienes que trabajarla.

Mantén la confianza, guárdala tanto para ti mismo como para los demás.

HABLAR EN VOZ ALTA

Expresar o comunicar lo que sientes, lo que sabes, sonidos y palabras, o protestar en contra de algo que no esté correcto, una injusticia o soborno; no calles, tú tienes la valentía para decir y cambiarlo.

Cuando somos personas sabias, debemos hablar y decirlas en el momento indicado.

ESCUCHAR

Debemos ser bien sabios cuando escuchamos; cuando una persona nos habla de algo o alguien, tienes que prestar la máxima atención, es por eso por lo que tenemos dos oídos.

Escuchar es un verbo que hace referencia a la acción de poner atención en algo que estés captando por el sentido auditivo.

Cuando alguien nos da un consejo, debemos ser bien cautelosos; no todos son tus amigos, te pueden estar hablando con envidia o soberbia. O, cuando vienen a hablarte mal de otra persona, ponles un pare, porque de ti también puede estar hablando a tus espaldas.

VISUALIZAR

Visualizar no es un concepto relacionado solo con la acción de ver algo a través del sentido de la vista, sino también a través de la imaginación y el pensamiento.

Podemos vivir visualizando parte de nuestra vida, en el pasado, presente y futuro. Yo te recomiendo que visualices el hoy y el futuro, olvídate del pasado, suéltate eso que no te deja avanzar.

Si queremos tener un futuro diferente, empecemos cambiando el presente, empieza a visualizar tu futuro.

ESTUDIAR

Hace referencia al hecho de aplicar la inteligencia o ejecutar el entendimiento para adquirir el conocimiento de una cosa. Aprender un arte, una profesión o memorizar algo. Nunca dejemos de estudiar, de aprender, porque el día que dejas de aprender es porque ya estás muerto.

No tengamos ese concepto de que solo los niños o los jóvenes estudian, eso es falso, toda nuestra vida debemos seguir estudiando, leyendo libros, aprendiendo lo bueno que brinde el mundo y la sociedad; no te limites a estudiar, empecemos a generar nuevos cambios hoy.

REPETIR

Volver a hacer una cosa que ya se hizo, decir algo que ya se había dicho.

Hay patrones en nuestras vidas que venimos repitiendo día tras día, hábitos malos y palabras negativas que copiamos y repetimos.

Empecemos a repetir palabras positivas, hábitos buenos que sirvan para edificar nuestras vidas. Todos los días repite que eres un hombre exitoso o una mujer exitosa, que tienes sobreabundantes bendiciones y una hermosa familia.

EJECUTAR

Llevar a cabo una acción, especialmente un proyecto, un encargo o una orden.

Empecemos a ejecutar todo lo que tienes en tu mente, ejecuta tus proyectos o estudios, tus sueños. La vida es demasiado corta como para sentarnos y seguir esperando que el éxito llegue solo.

Dice un refrán:

Mucho análisis, es parálisis.
Pensamientos rápidos, pensamientos sabios.

¡Hoy! Empieza a ser chévere.

Navega por tu vida y descubre el tesoro que está dentro de ti.

Juan Carlos Patiño

¿Por qué escoger la desgracia,
habiendo felicidad?

Juan Carlos Patiño

MEJOREMOS NUESTRA COMUNICACIÓN CON LAS PERSONAS

En algunas ocasiones, no podemos tener una buena relación y comunicación con las personas que nos rodean, o con las que podemos hacer una amistad, sea en el trabajo, en los estudios o en otro entorno.

En muchas ocasiones, por no poder comunicarnos o entablar una conversa hemos perdido varias oportunidades. Antes de conocer la PNL, yo era una persona cerrada, de pocas palabras. Desde que empecé a aplicar esos conocimientos en mi vida, acerca de las personas, he mejorado un noventa por ciento; todavía me falta, no lo niego, pero ahí en ese intento voy cada día.

Hoy les comparto esto:

En este mundo existen tres clases de personas:

- Las visuales
- Las auditivas
- Las kinestésicas

LAS VISUALES

Las personas visuales son aquellas que visualizan más rápido una imagen a colores, blanco y negro, grande o pequeña, o lo que quiere transmitir esa imagen; a ellas les gusta tomarse su tiempo para observar. Usualmente, ellas son más rápidas, más aceleradas, usan bastantes palabras visuales para explicar sus experiencias.

Ellas, cuando tú les hablas, están mirándote a los lados o, cuando ellas están en exámenes, están mirando al cielo para acordarse de lo que estudiaron o vieron. Al hablarles a ellas, muéstrales imágenes, utiliza la palabra; imagínate, ve u observa.

Ejemplo: Muchos tienen la mejor cámara fotográfica y más cara del mundo, pero no tienen ese ojo, imaginación que diferencia a un fotógrafo de un aficionado.

LAS AUDITIVAS

Las auditivas son las personas a quienes les gusta escuchar. Ellas pueden escuchar un sonido desde una fuente extrema y perciben el sonido más rápido que los demás, les gusta que las escuchen cuando ellas hablan, no les gusta que se distraigan, porque piensan que no les tomas atención; usualmente, ellas son más pausadas, ellas toman las cosas con calma. Para describir sus experiencias usan palabras auditivas como «oye», «escucha esto», «haz silencio». Cuando sale una canción nueva, les gusta hacérselas escuchar a todos, ponen música a alto volumen, les gusta cantar, dar explicaciones bien detalladas.

Ejemplo: Los músicos, poetas, escritores...

LAS KINESTÉSICAS

Las kinestésicas son olfativas, gustativas. Ellas prefieren el contacto físico, son las que cuando te encuentran te saludan con un abrazo o una palmada. Ellas también se sienten bien cuando reciben ese mismo afecto o halago.

Ellas son relajadas, tranquilas y sensitivas, por ejemplo: al entrar a un restaurante, una panadería, un centro comercial, lo que más les trae es el olor, dicen «esta comida huele rica», «este lugar apesta», «aquí hay un buen ambiente» o te dicen «guau, qué rico perfume».

Ejemplo: Los chefs, los químicos, etc.

Ya tienes idea de que cómo son las personas. Ahora te toca a ti. Tú puedes considerarte como una de ellas. Se van a sentir bien contigo, porque piensan que eres la pieza que encaja con ellas.

Ahora, ¿tú con cuál de las tres personas te identificas? ¿Visual, auditiva o kinestésica?

También existen personas que son:

- Visuales y auditivas
- Visuales y kinestésicas
- Kinestésicas y auditivas

Ahora que ya las conoces, puedes mejorar tu relación y tu comunicación con ellas.

SABIO CONSEJO

No esperemos a ser famosos, a estar viejos o enfermos postrados en una cama para contar nuestra historia. Siempre va a existir una persona a quien le encantará oírte o que estará atravesando tu misma situación y le encantaría sentirse identificada con alguien. No esperes a morir para que te recuerden por lo que fuiste, sino haz que te recuerden por lo que eres, por lo que transmites y por lo que haces.

Si tienes un sueño, un emprendimiento o un proyecto en mente, hazlo, hazlo, no lo pienses dos veces, porque la vida es tan corta como para esperar de los demás. Si eso te hace feliz, tú síguelo haciendo.

GRACIAS DEL AUTOR

Gracias por ser parte de este proyecto. Fue un gusto tenerte y poder compartir el conocimiento que Dios me impartió. Muy pronto seguiré lanzando más libros al mercado y espero poder compartirlos contigo.

Doy gracias a Dios porque un día todo este proyecto estaba en mi corazón y ahora lo hice realidad. Si Dios te da un sueño, una visión, es porque él sabe que tú eres capaz de alcanzarlo y dejar tu huella en este mundo.

Dios bendiga tu vida, que sea rica y abundante, no solo en lo material, sino en lo espiritual. Hoy recibe una bendición sobrenatural.

Recomienda a los demás este libro para que ellos también sean bendecidos.

Puedes dejar tu comentario en mis redes sociales:

Facebook: Juan Carlos Patiño.

Instagram: Juan Carlos Patiño.

YouTube: Juan Carlos Patiño.

E-mail: carlosvilladiamnate@gmail.com

BIOGRAFÍA

Mi nombre es Juan Carlos Patiño Villa, nací el 5 de octubre de 1988 en la ciudad Cuenca, Ecuador. Mis estudios los cursé en la Escuela Gabriel Arsenio Ullauri, Colegio Instituto Francisco Febres Cordero y a través de los años me he ido preparando en programación neurolingüística y obtenido Certificación en la Cumbre Global de Liderazgo; Certificación de Oratoria Efectiva; Certificación Internacional en Cierre de Ventas con PNL; Certificación del Taller Eliminación de Bloqueos Mentales, Miedo y Estrés; Certificación de Doctrina de la Escuela de Discipulado; Certificación Licensed Practitioner of Neuro-Linguistic Programming; Certificación Licensed Master Practitioner of Neuro-Linguistic Programming y Certificación Licensed NLP CoachTM.

www.ingramcontent.com/pod-product-compliance
Lightning Source LLC
LaVergne TN
LVHW090124160826
845673LV00015B/832

* 9 7 8 8 4 1 9 2 3 7 4 3 9 *